AF232298

NOTICE BIOGRAPHIQUE

SUR

J.-B. TEXTORIS,

DOCTEUR EN MÉDECINE, SECOND MÉDECIN EN CHEF DE LA MARINE ROYALE, CHEVALIER DE L'ORDRE ROYAL DE LA LÉGION D'HONNEUR, MEMBRE DE LA SOCIÉTÉ MÉDICALE D'ÉMULATION DE PARIS, DE LA SOCIÉTÉ ROYALE DE MÉDECINE DE MARSEILLE, DE L'ACADÉMIE DES SCIENCES, LETTRES ET ARTS, ET DE LA SOCIÉTÉ D'AGRICULTURE ET DE COMMERCE DU DÉPARTEMENT DU VAR, etc., etc.

PAR P.-M. ROUX,

DOCTEUR EN MÉDECINE, MÉDECIN DE L'INTENDANCE SANITAIRE ET SECRÉTAIRE-GÉNÉRAL DE LA SOCIÉTÉ ROYALE DE MÉDECINE DE MARSEILLE, MEMBRE DU CONSEIL DE SALUBRITÉ DU DÉPARTEMENT DES BOUCHES-DU-RHONE ET DE PLUSIEURS ACADÉMIES MÉDICALES ET LITTÉRAIRES D'EUROPE ET D'AMÉRIQUE, etc.

MARSEILLE.

IMPRIMERIE D'ACHARD, RUE St-FERRÉOL, N° 64.

1829.

NOTICE BIOGRAPHIQUE

SUR

J.-B. TEXTORIS,

DOCTEUR EN MÉDECINE, SECOND MÉDECIN EN CHEF DE
LA MARINE ROYALE, CHEVALIER DE L'ORDRE ROYAL DE
LA LÉGION D'HONNEUR, MEMBRE DE LA SOCIÉTÉ MÉ-
DICALE D'ÉMULATION DE PARIS, DE LA SOCIÉTÉ ROYALE
DE MÉDECINE DE MARSEILLE; DE L'ACADÉMIE DES
SCIENCES, LETTRES ET ARTS, ET DE LA SOCIÉTÉ D'A-
GRICULTURE ET DE COMMERCE DU DÉPARTEMENT DU
VAR, etc., etc.

La coutume de consacrer la mémoire des hommes qui se sont rendus recommandables par
l'exercice des talens et la pratique des vertus,
est une coutume établie depuis long-tems chez
les nations les mieux cultivées, et elle ne pouvait manquer de se soutenir parce qu'elle a dû
compter en sa faveur autant de partisans qu'il y
a eu d'hommes éclairés. Observons, toutefois,
que le plus souvent un tel honneur n'a été décerné
qu'aux plus beaux génies, et que par cela même
les regards de la postérité n'ont pu s'arrêter sur
bien des modèles. A l'époque actuelle de la civilisa-

tion, on voit avec plaisir que les esprits ne laissent rien échapper de ce qui peut concourir au progrès de notre existence morale. Le héros, le grand homme, le paisible et vertueux citoyen, etc., reçoivent après leur mort le tribut d'éloges qui leur est dû. A la vérité, ils ne sont pas toujours célébrés par une excellente plume; mais lors même qu'on n'a fait que recueillir et publier les circonstances attachées à leur vie honorable, on n'a pas perdu sa peine, puisqu'on s'est occupé d'un objet utile. Qu'il me soit donc permis, bien que je connaisse mon insuffisance, de rendre hommage à la mémoire du docteur TEXTORIS, mon ami. La vérité et mon cœur me dictant cet hommage, mon récit, quoique simple, ne serait-il pas entendu? Ce qui doit surtout m'attirer l'indulgence du lecteur: c'est que, si je suis hors d'état de m'acquitter dignement du devoir que je m'impose, du moins je n'ai pas la témérité de l'entreprendre après un plus exercé que moi, personne n'ayant encore publié la notice biographique de mon estimable collègue, depuis bientôt un an que la mort l'a enlevé à sa famille dont il faisait la félicité; à ses amis qui goûtait dans sa société tant de sentimens délicieux et à l'humanité dont il était un support éclairé.

Jean-Boniface TEXTORIS, second médecin en chef honoraire de la marine royale, chevalier de l'ordre royal de la légion d'honneur, membre de la société médicale d'émulation de Paris, de la société royale de médecine de Marseille, de la société des sciences, lettres et arts du département du Var, etc., etc., naquit à Toulon, le 24 février 1773, d'un père médecin distingué de la marine. Les premières années de sa vie furent consacrées à une éducation soignée dont malheureusement les progrès furent retardés par une ophthalmie qui le réduisit à une cécité presque complette. Délivré de cette pénible situation par les efforts de la nature que des soins assidus et l'attention affectueuse d'une digne mère n'avaient pas peu secondés, il sentit tout le prix de l'une de nos plus belles et importantes fonctions physiologi-ques, et, alors, désireux de regagner le tems perdu, d'acquérir un fond solide de toutes les lumières qu'un travail opiniâtre procure; avide, en un mot, de tous les genres d'instruction, il s'appliqua principalement aux études sérieuses qui réclament du jugement et portent l'esprit à réfléchir. Après avoir cultivé ses heureuses dis-positions, arrivé à cette époque de la vie où l'homme cherche à se créer un avenir, il se dis-posa par goût et par préférence à suivre la pro-fession de son père. Destiné au service de santé de la marine, il fut admis dans ce corps et se signala bientôt parmi ses condisciples par beaucoup d'application. Le 12 avril 1787, il fut employé comme chirurgien auxiliaire dans les hôpitaux de la marine et servit en cette qualité jusque vers le milieu de 1790, s'étant toujours fait remarquer par l'amour du travail et un zèle infatigable à remplir ses devoirs. C'est dans ce tems qu'il paya un premier tribut à la noble profession qu'il exerçait : attaché au service de santé du bagne de Toulon, il fut atteint d'un typhus très-grave dont on pensait que le germe avait été importé par une chaîne de condamnés arrivés à cette époque. Heureusement, il fut du petit nombre de ceux qui guérirent de cette terrible maladie.

Embarqué, le 12 septembre 1790, sur la frégate la Minerve, en qualité d'aide-chirurgien, Textoris fit ainsi partie de l'expédition alors envoyée par le gouvernement pour prendre le plan des villes, des côtes et des golfes qui se trouvent dans la Thessalie, la Macédoine et la Thrace. Passionné pour l'observation, doué, comme il l'était, d'un esprit actif, il ne pouvait que profiter des moyens d'étude que lui fournissait cette position favorable. Dans ces lieux si fertiles en beaux souvenirs, il s'occupa de recherches scientifiques qu'il fit tourner souvent au profit de l'art médical ; il se plut aussi à visiter en investigateur éclairé les ruines des villes et des monumens

antiques ; il prit beaucoup de notes dont quel-
ques-unes lui servirent plus tard à composer un
mémoire sur les antiquités de l'île de Thasos. Ce
mémoire inédit, que j'ai sous les yeux, a pour but
de faire connaître le rang que cette île occupait
parmi les républiques anciennes, et de saisir, en
parlant de ses antiquités, l'occasion de donner
une idée des moyens de récompense qu'employ-
aient les anciens peuples de la Grèce. L'auteur
finit par faire voir que c'est à de pareilles insti-
tutions que ces peuples durent leur prospérité.

L'un des fondateurs et premier secrétaire pour
la classe des sciences et des arts, de l'académie
de Toulon, il ne crut devoir mieux faire que
de lire au sein de cette compagnie ce tribut qu'il
regardait comme très-faible, mais qui, au jugement de ses confrères, décelait déjà l'observateur
profond, l'homme instruit et de bon goût qui
sait parer la science de toute la magie du style.

Embarqué depuis successivement sur diffé-
rens navires de l'état, il partagea les dangers de
plusieurs campagnes pénibles, durant lesquelles
il ne céssa de se distinguer par ses connaissances
chirurgicales et son dévouement.

En 1798, au retour de l'expédition de Venise,
dans laquelle TEXTORIS était chirurgien en chef
du vaisseau le Tonnant, il soigna au Lazaret
de Toulon l'épidémie qui s'était déclarée parmi

les équipages de l'escadre de l'amiral Brueys. Si on avait pu douter de son grand savoir et de ses sentimens philanthropiques, certes, il eût été facile de s'en convaincre dans cette occurrence où il déploya tant de zèle et d'activité qu'il faillit en être victime : il contracta lui-même la maladie régnante et peu s'en fallut qu'il n'y succombât.

Promu, le 2 juin 1801, au grade de chirurgien entretenu de première classe (grade qu'il obtint, comme les précédens, par la voie du concours), il reçut en même tems l'ordre de se rendre à Cadix, pour être attaché à la division navale commandée par le contre-amiral Dumanoir le Pelley. A son arrivée à sa destination, il fut chargé de diriger en chef les hôpitaux d'Algésiras où se trouvaient les nombreux blessés provenant du combat qui avait été soutenu par une division française contre l'escadre de l'amiral anglais Saumarez. Les soins et les services marquans qu'il rendit dans cette occasion aux troupes de l'armée, ainsi qu'aux marins de la division furent manifestés de la manière la plus avantageuse pour lui obtenir les faveurs du gouvernement.

A son retour de Cadix à Toulon, en 1802, il s'enferma de nouveau dans le Lazaret de ce port pour traiter la maladie meurtrière qui avait attaqué les troupes et l'équipage du vaisseau l'Atlas revenant de Cadix. On n'avait pas oublié les nombreux succès qu'il avait eus lors de l'épidémie de 1798; aussi, autorisaient-ils sa destination actuelle qui devait être également justifiée par d'heureux résultats. En effet, Textoris parvint par ses soins à modifier les ravages de ce fléau et à sauver la presque totalité de ceux qui en étaient atteints. Mais il en éprouva les symptômes, immédiatement après avoir exploré l'abdomen de l'un de ces malades ; situation dont l'horreur fut adoucie par le dévouement de son épouse éplorée qui demanda et obtint de s'enfermer avec lui au Lazaret pour le soigner, et qui eut la douce satisfaction, cette femme si digne de lui, de le voir se rétablir par les consolations et les secours qu'elle lui prodigua.

En 1803, il se rendit à Montpellier, pour prendre le bonnet; sa thèse inaugurale intitulée : *Dissertation sur le scorbut* (in-4° de 21 pages), fut soutenue à l'école de médecine, le 28 floréal an XI. L'auteur a pour but de présenter dans cette dissertation quelques vues nouvelles sur la manière de considérer les phénomènes du scorbut dans leurs rapports avec les causes qui les déterminent et les produisent; et afin d'établir ces vues sur des bases moins incertaines, il les fait précéder par quelques idées sur la cause des phénomènes de la vie. Il divise ensuite son travail en sept paragraphes où il traite successivement: 1º du caractère de la maladie; 2º de la prédisposition; 3º des causes nuisibles; 4º de la cause prochaine; 5º de la description de la maladie; 6º du pronostic; 7º du traitement. L'auteur pensait avec raison que la cure prophylactique du scorbut est un sujet qui mérite d'être traité *ex-professo*, ce qu'il ne fit pas faute de tems, comme aussi parce qu'il ne comptait pas sur ses moyens, et que sa thèse rédigée, dans le cours d'un voyage, pour mettre à profit des circonstances imprévues, fut plutôt le fruit de la nécessité que du désir d'écrire. Regrettons ici que TEXTORIS n'ait pas connu toute l'étendue de son génie et de ses talens. Sans doute, avec moins de modestie, il nous eût laissé beaucoup d'ouvrages d'une haute importance.

Le choix du sujet de sa dissertation prouve le vif intérêt qu'il prenait aux gens de mer qui, comme on sait, sont de tous les individus les plus sujets aux affections scorbutiques.

Peu de tems après avoir été décoré du titre de docteur, il fut nommé médecin en chef de l'armée navale réunie à Toulon sous les ordres de l'amiral LATOUCHE, et, ce marin distingué étant mort, il fut appelé à remplir les mêmes fonctions sous les ordres du vice-amiral Villeneuve. Chargée d'une mission importante, l'escadre mit à la voile, le 30 mars 1805, et se dirigea vers les Antilles où elle marqua son séjour par de glorieux succès. Au retour de cette expédition et à la hauteur du cap Finistère, l'armée navale eut à soutenir un combat contre une flotte anglaise et vint, après cette affaire peu décisive, mouiller successivement dans la baie de Vigo, au port de la Corogne et enfin à Cadix. Ce fut là que l'amiral Villeneuve sachant que Nelson, croisait devant ces parages, sortit pour lui présenter le combat. Chacun connaît les résultats de la journée du 21 octobre 1805, journée si funeste aux chefs opposés qui y commandèrent et aux nations qui y prirent part. Mais ce qu'on ne sait pas généralement, et ce que je dois me hâter d'apprendre, c'est que le médecin en chef de l'armée française sembla se multiplier, tant il eut d'activité. Qu'on se représente un homme qui ne redoutant ni danger, ni fatigue, se trouvait, jour et nuit, partout où il y avait du bien à opérer et des difficultés à vaincre, ou, pour le dire plus en détail, qui consacrait tous ses instans à soulager les malheureux mutilés, à en arracher plusieurs à la mort qui les environnait, à pratiquer les opérations majeures et à prodiguer à tous les malades ces consolations morales, ces soins de pure bienveillance qu'on sait être un baume si salutaire dans les positions difficiles. Tel fut le docteur TEXTORIS au combat de Trafalgar.

De retour à Cadix, après cette désastreuse journée, il fit répartir le grand nombre de blessés dans les divers hôpitaux de cette ville, veilla soigneusement à cette partie du service et réunit pour la conservation de tant de victimes du sort de la guerre, des efforts qui furent couronnés de beaucoup de succès. De pareils actes ne lui donnent-ils pas des droits incontestables à la reconnaissance publique? Ne doivent-ils pas faire chérir sa mémoire par les amis de l'humanité? Et n'est-ce pas ici le lieu de faire remarquer que la célébrité acquise par la pratique de l'art conservateur de nos semblables, est sans doute bien préférable à celle que l'on obtient par d'excellentes combinaisons sur le choc et la destruction des mêmes individus?

TEXTORIS continua à remplir les fonctions de médecin en chef de l'armée jusqu'au moment où il fut chargé de diriger le service de santé sur le vaisseau d'hôpital, l'Achille, qui ramena nos braves invalides dans leur patrie. Sans dire de quelle manière il les secourut durant la traversée, il suffit de savoir que plusieurs saluèrent les terres de France sous de meilleurs auspices qu'ils n'avaient osé se le promettre.

Un peu de repos succéda à tant d'agitations, à une navigation aussi longue et si pénible. Embarqué quelque tems après sur le vaisseau le Commerce de Paris, il fut, vers la même époque, le 15 septembre 1807, admis au nombre des associés correspondans de la société médicale d'émulation de Paris. Cependant sa santé affaiblie par ses voyages de mer dont il avait d'autant plus souffert qu'il était d'un tempérament nerveux, lui faisait désirer un poste sédentaire; il demanda et obtint de débarquer et de servir dans les hôpitaux maritimes. Ce fut sur ces entrefaites, c'est-à-dire, le 16 janvier 1812, que se formèrent les écoles spéciales de marine; l'ancienneté et la nature de ses services déterminèrent le ministre de ce département à le choisir pour occuper la place de chirurgien-major du vaisseau le Duquesne qui était, au port de Toulon, affecté à l'instruction des nouveaux élèves de la marine. Il conserva cet emploi jusqu'en 1815, époque où cette institution fut supprimée.

En 1816, le service de santé de la marine, au port de Marseille, lui ayant été confié, les médecins les plus recommandables de cette ville, bien pénétrés de son mérite, s'empressèrent de l'associer à leurs travaux. La société royale de médecine, qui l'admit dans son sein, le 8 juin 1816, le vit avec plaisir assister à ses séances avec plus d'exactitude que bien d'autres membres titulaires ; et, pourtant, les momens de notre collégue étaient souvent absorbés par ses importantes fonctions de médecin de la marine. Les comptes-rendus des travaux de cette compagnie attestent qu'il fit d'excellens rapports sur divers sujets ; qu'il communiqua d'intéressantes observations de médecine pratique et que dans les discussions scientifiques, aucun de ses confrères ne raisonna plus juste et ne fit briller plus de savoir. Outre cela, TEXTORIS dont l'émulation était excitée par les témoignages d'estime qu'il recevait chaque jour de ses confrères, sentit qu'il lui fallait justifier par quelques ouvrages la bonne opinion qu'on avait de lui. On sait que la *contagion*, considérée en général, a exercé le génie des grands écrivains sans pouvoir être décidée d'une manière bien satisfaisante. Notre collégue composa sur un sujet aussi important et si digne de sa plume, un mémoire qu'il lut, le 21 juin 1817, à la société royale de médecine de Marseille. Celle-ci jugea qu'il avait dû mettre à contribution les observations de ses prédécesseurs et de ses contemporains ; qu'armé du flambeau de la chimie il avait discuté toutes leurs opinions contradictoires, confronté avec habileté un grand nombre de faits isolés, cités par eux, confirmé ou détruit leurs expériences, et que de cette masse imposante d'observations, il avait extrait des principes généraux, conséquences plus ou moins rigoureuses de ses recherches. Ce mémoire fit tant de sensation, que l'auteur engagé d'ailleurs par l'éloge qu'on en fit dans l'exposé des travaux de la société, (pendant l'année 1817, pag. 34 et suiv.), se décida à le consigner dans le *journal universel des sciences médicales*.

Il est permis de se demander pourquoi, malgré les longs et excellens services qui lui avaient acquis des droits très-prononcés aux récompenses du gouvernement, il n'avait pas encore reçu cette marque distinctive du mérite, si généralement ambitionnée et qui donne tant de considération à ceux qui ne l'ont point usurpée. C'est n'en doutons pas, parce qu'il se trouvait assez récompensé de la satisfaction d'avoir rempli ses devoirs ; qu'il regardait comme très-ordinaires, les actions méritoires, et que par cela même il n'avait pas su faire valoir ses services. Cependant, si par certaines circonstances, il arrive que des titres flatteurs soient décernés à des sujets qui en sont indignes, du moins est-il satisfaisant de voir qu'en général les vertus et les talens sont tôt ou tard récompensés. Un acte de justice ne pouvait donc qu'être rendu au docteur Textoris. Il fut admis par ordonnance du 28 avril 1821, dans l'ordre royal de la légion d'honneur.

On se rappelle qu'en la même année la fièvre jaune exerça ses ravages dans quelques contrées de l'Espagne, et qu'elle jeta la France et surtout Marseille dans de grandes alarmes.

Alors l'état des choses était tel que des alarmistes auraient singulièrement propagé la contagion morale, si des philanthropes n'eussent fait entendre leur voix pour calmer l'inquiétude publique. Parmi ses derniers, Textoris mérite de figurer au premier rang. Dans l'intention de s'élever contre les bruits sinistres qu'on répandait, il donna lecture, à la séance du 19 octobre 1821, de la société royale de médecine de Marseille, d'un *Aperçu sur la fièvre jaune* qui fut assez généralement goûté, et, bien que l'opinion qui y est soutenue, ne soit pas tout-à-fait celle que je manifestai sur cette maladie, néanmoins, ce mémoire fut compris parmi les articles dont je composai le 5me n° de l'*Observateur des sciences médicales ;* ce qui prouve assez tout le prix que j'attachais à la nouvelle production de mon ami. Mais pour en faire mieux sentir l'importance, je dois aujourd'hui citer textuellement le jugement qu'en a porté la société royale de médecine (*Exposé de ses travaux, pendant l'année* 1821, pag. 28 et 29). « Au milieu de cette prodigieuse quantité d'écrits publiés sur la fièvre jaune, le mémoire que vous a communiqué M. le docteur Textoris doit sans contredit obtenir une place distinguée; écrivain et observateur impartial, M. Textoris vous a paru concilier toutes les opinions en démontrant que la fièvre jaune n'est point contagieuse de sa nature, mais qu'elle peut le devenir par un concours de circonstances parfaitement bien exposées dans son mémoire. Il serait difficile de s'appuyer d'opinions plus respectables, de faire des citations plus justes, de présenter des raisons plus convaincantes que ne l'a fait M. Textoris, pour prouver à-la-fois la nature non-contagieuse de la fièvre jaune et sa propriété contagieuse dans certaines circonstances. Rien de plus ingénieux et de plus juste que ses idées sur les miasmes de la peste, du typhus et de la fièvre jaune, sur leurs degrés d'expansion ou de concentration dans l'atmosphère, et sur les limites qu'on peut leur assigner. Une diction pure, concise, élégante, est encore un mérite qui distingue le travail de M. Textoris auquel la société a donné les marques du plus flatteur assentiment. »

Nommé vice-président de la société royale de médecine, le 26 octobre 1822, Textoris réunit les suffrages pour la présidence, le 8 novembre 1823. Mais ce ne fut pas sans éprouver quelque peine qu'il se vit ainsi placé à la tête de la compagnie, parce que valétudinaire depuis quelques années, il craignait que sa santé ne lui permît pas de répondre convenablement à la confiance de ses confrères. Cependant, il prouva bientôt que non-seulement il n'était pas au-dessous de sa place, mais qu'il savait s'acquitter d'une manière très-remarquable des devoirs qu'elle impose. Il pensait avec raison que la présidence ne consiste pas uniquement dans la direction des travaux de la compagnie, mais qu'elle oblige aussi de contribuer à ces travaux par des communications plus ou moins importantes, ne fût-ce que pour donner l'exemple aux membres dont le zèle pourrait être ralenti. C'est pourquoi il lut à la séance du 13 mars 1824, un fragment d'un ouvrage ébauché, ayant pour titre : *Etude des eaux*, ouvrage qu'il se proposait de finir s'il recevait l'assentiment de ses confrères. Ici encore on admira tellement la profondeur et la variété de ses connaissances, qu'on l'engagea vivement à poursuivre ses intéressantes recherches. Il donna lecture d'un second et d'un troisième articles sur le même sujet, dans les séances des 20 mars et 19 juin, et, comme précédemment, il fut écouté avec une attention qui le dédommagea bien de ses peines : elle lui prouva tout le plaisir qu'avait fait ses articles auxquels on fit par cela même le reproche de n'être pas assez longs, quoiqu'il eût été dans l'obligation d'entrer dans de grands détails.

Le poids de trente sept années d'un service fatigant, le dépérissement de sa santé, des affaires et des affections de famille le déterminèrent à demander sa retraite qui lui fut accordée avec le titre honorifique de second médecin en chef de la marine. Ce titre était un dédommagement mérité pour Textoris dont l'abnégation ne l'abandonna jamais dans toutes les situations de sa vie. Forcé par des motifs si légitimes de quitter Marseille, et par conséquent les fonctions de président, il témoigna le regret qu'il en avait, promettant bien d'entretenir de fréquentes relations avec la société royale de médecine à laquelle il était sincèrement dévoué. La séance du 26 juin 1824 de cette compagnie, fut la dernière séance qu'il présida, et il passa dans la classe des membres associés correspondans. Il revint alors à Toulon où, d'après les sollicitations de ses confrères, il se décida à terminer son *Etude des eaux*. Mais atteint d'une ophthalmie opiniâtre, d'une névralgie sus-orbitaire, puis de douleurs rhumatismales, pendant l'espace d'un an, il fut forcé de renoncer pour quelque tems à toute espèce de travail, et lorsque sa santé fut assez rétablie pour qu'il pût s'occuper de la suite de son ouvrage, il m'écrivit qu'il regrettait de l'avoir entrepris parce qu'il n'était pas dans une situation d'ame et d'esprit, favorable à l'étude et aux méditations convenables pour traiter des sujets scientifiques, et qu'il l'eût abandonné, s'il n'avait tenu au seul accomplissement de la promesse qu'il m'avait faite de le terminer. Je ne cite ce passage que pour montrer combien le docteur Textoris craignait de produire un ouvrage imparfait; défiance qui sans doute lui fait honneur, mais qui a dù plusieurs fois, dans d'autres circonstances, l'arrêter dans ses projets et paralyser ainsi son génie. Quoiqu'il persistât à croire son étude des eaux indigne de l'impression, ce mémoire ne fut pas moins regardé comme savant, comme devant être publié par fragmens dans l'*Observateur des sciences médicales*, sous les auspices de la société royale de médecine de Marseille, et comme méritant d'ailleurs d'être imprimé séparément. Il faut lire l'éloge qu'en a fait cette société dont l'autorité ne fit que précéder le jugement des gens éclairés. Ce mémoire (in-8º de 257 pages) parut à Marseille, en 1826; l'empressement qu'on mit à se le procurer fut tel qu'aujourd'hui on aurait peine à en trouver un exemplaire. L'auteur le dédia au maréchal de Lauriston qui, ainsi que beaucoup d'autres illustres guerriers, avait eu l'occasion d'apprécier ses grandes qualités.

Jusqu'ici je n'ai peint dans le docteur Textoris que l'homme public; je l'ai suivi et examiné dans les diverses phases de sa carrière, et je l'ai

montré tel qu'il était : observateur rigide de ses
devoirs, homme dévoué à son prince, à son
pays et à ses concitoyens, philanthrope éclairé,
prodigue de ses secours et de ses soins affectueux
envers l'humanité souffrante. Je l'ai considéré
enfin avec une partie des qualités et des titres
qui l'ont fait jouir d'une brillante réputation dans
le monde médical. Il me serait facile maintenant
de le présenter sous un aspect non moins recom-
mandable; on remarquerait en lui le philosophe,
le moraliste, le littérateur. Des notes inédites aussi
savantes que profondes me fourniraient les
moyens de prouver qu'il sut charmer souvent ses
loisirs dans le calme de la méditation et par des
écrits pleins de réflexions très-judicieuses. Mais
outre que j'en ai dit assez pour faire sentir combien il mérite les hommages qu'on rend au mérite
et à la vertu, je m'aperçois que les bornes de cette
notice ne me permettent pas d'entrer dans de plus
amples détails. Je ne saurais, cependant, me dis-
penser de jeter un coup-d'œil sur la vie privée
de celui dont je déplore la perte.

Modèle des époux, il passa plusieurs lustres
avec l'aimable et vertueuse compagne qu'il avait
choisi, et ne cessa de couler avec elle des jours
heureux. Il en eut plusieurs enfans auxquels il
inspira constamment les principes de la religion
et de la morale, parce qu'il en fut lui-même tou-

jours pénétré; il connaissait les avantages d'une éducation soignée et savait que les bons exemples forment les enfans à la vertu. Aussi, il s'appliqua à en donner le goût à sa famille qui trouva la meilleure leçon dans la conduite de cet excellent père, de cet homme doué, comme le savent ceux qui l'ont connu, d'une élévation d'ame peu commune.

L'attachement qu'il avait pour sa famille s'étendait sur tous ses proches et il fut l'ami d'un grand nombre de ses contemporains. Moi qui fus de ce nombre, je sens trop la perte que j'ai faite, pour que je ne la regarde pas comme irréparable.

Loin du tumulte des villes et du tracas des affaires, il aimait ou à correspondre avec ses amis, ou à consacrer ses instans de loisir à l'observation des travaux champêtres. C'est dans une paisible retraite qu'il possédait aux environs de Toulon qu'il s'adonnait aux plaisirs de l'agriculture. Ses connaissances dans cet art si utile, l'avaient fait remarquer de la société d'agriculture du département du Var, qui s'était empressée peu de tems après la rentrée de TEXTORIS dans ce département, de l'admettre parmi ses associés. Il se proposait de concourir aux expériences d'utilité publique que propage cette société et avait déjà entrepris quelques travaux à cet égard, lorsqu'il a été ravi au monde.

Entouré d'une famille qui faisait ses délices, jouissant de beaucoup de considération, estimé de ses collégues, chéri de ses amis, ayant de l'aisance et, ce qui vaut mieux, cette philosophie qui met l'homme au-dessus des évènemens, Textoris était d'un âge à pouvoir se promettre encore plusieurs années d'existence, bien que sa santé, comme je l'ai dit, fût depuis très-long-tems altérée. Mais il devait trouver la mort à l'occasion d'un nouvel acte d'humanité : il traitait, à cinq lieues de Toulon, une parente octogénaire affligée d'une maladie chronique, lorsque au déclin d'un des derniers jours du mois d'août 1828, et à-peine revenu d'une longue promenade, il fut appelé auprès d'un individu qui, atteint d'une maladie grave, réclamait un prompt secours. Quoique fatigué et trempé de sueur, il se rendit précipitamment chez ce malade, sans même avoir pris le tems de changer de linge. A son retour, il éprouva un certain malaise qui fut le prélude d'une maladie dangereuse dont la marche fut si rapide, que sa famille réunie à une maison de campagne près Toulon, n'apprit son état qu'alors qu'il fut désespéré. Cependant, avant de rendre le dernier soupir, il eut le tems de revoir et de reconnaître sa digne épouse ! ! ! Ses estimables enfans (parmi lesquels un fils héritier de ses vertus, parcourt avec distinction la carrière des armes), ne trouvèrent plus qu'un objet de douleur, de larmes et de religieux souvenirs : Textoris mourut à Néoulles (Var), le 3 septembre 1828, dans de profonds sentimens de christianisme.

Tous les habitans de ce village en témoignèrent un grand deuil ; ils suspendirent leurs travaux pendant deux jours ; les femmes et les enfans gémissaient comme dans une calamité publique ; ici, c'était l'homme reconnaissant qui aurait voulu être dans le cercueil à la place de celui qui à l'heure du danger, fut son sauveur ; là, c'était un cultivateur offrant dans son langage naïf, au nom de toute la contrée, dix années de récolte pour ressusciter l'homme de bien. Tous imploraient la bonté divine en faveur du mortel justement regretté qui avait assisté l'indigent, soulagé l'infortune , guéri les maux du corps et adouci les peines de l'ame.

Pénétrés d'une vive douleur, ses parens et ses amis trouvent du moins une grande consolation à penser qu'ayant pu, dans ses derniers momens, se dire : J'AI BIEN VÉCU, sa belle ame a été transportée dans le séjour de l'éternelle

FIN.